Komm, Herr Jesus, sei unser Gast

Martin Reiter

Komm, Herr Jesus, sei unser Gast

ALTE UND NEUE TISCHGEBETE
FÜR KINDER UND ERWACHSENE

A&M

Sonderausgabe für A&M, Salzburg

Einbandgestaltung: Martin Reiter
Druck und Bindung: Oldenbourg Taschenbuch GmbH,
Hürderstraße 4, D-85551 Kichheim

ISBN 3-902397-60-8

*2008 2007 2006 2005
Die letzte Jahreszahl gibt
die aktuelle Lizenzausgabe an.

Liebe Leser,
wir nähren uns von dem, was die Erde uns gibt. Und so wird gerade beim Essen deutlich, dass wir nicht leben können ohne die uns tragende Schöpfung. Deshalb sollte das Tischgebet in unserem Alltag eine besondere Rolle spielen. Denn beim Essen als einem der grundlegenden Lebensvollzüge aller Geschöpfe denken wir bewusst an den, der unser Leben trägt.
„In der Kürze liegt die Würze" – diese alte Spruchweisheit gilt auch für das Tischgebet. Ermüdet von der Arbeit holen wir durch das kurze Gebet vor bzw. auch nach dem Essen Luft und schöpfen Kraft. Da ist nicht die Zeit, große Worte zu machen und lange Predigten zu halten. Deshalb kommen die Gebete in diesem Buch schnell auf den Punkt. Und wenn man sie sich so wie eine gute Mahlzeit „auf der Zunge zergehen lässt", haben sie eine ganz besondere Wirkung: Das Essen für den Magen, das Tischgebet für die Seele. Frei nach einem altbekannten Sprichwort könnte man sagen: „Wenn der Magen tut sich laben, soll die Seele auch was haben!"
Mögen Sie im Tischgebet Freude, Demut und Dankbarkeit erfahren über Ihr Leben in Gottes wunderbarer Schöpfung!

Martin Reiter

Ist's nun nicht besser für den Menschen, dass er esse und trinke und seine Seele guter Dinge sei bei seinem Mühen?
Doch dies sah ich auch, dass es von Gottes Hand kommt. Denn wer kann fröhlich essen und genießen ohne ihn?
Ich sah die Arbeit, die Gott den Menschen gegeben hat, dass sie sich damit plagen. Er hat alles schön gemacht zu seiner Zeit, auch hat er die Ewigkeit in ihr Herz gelegt; nur dass der Mensch nicht ergründen kann das Werk, das Gott tut, weder Anfang noch Ende.
Da merkte ich, dass es nichts Besseres dabei gibt als fröhlich sein und sich gütlich tun in seinem Leben. Denn ein Mensch, der da isst und trinkt und hat guten Mut bei all seinem Mühen, das ist eine Gabe Gottes.

(Der Prediger Salomo – Kohelet)

Wenn ich auch nur einen einzigen Tag das Gebet vernachlässige, verliere ich viel vom Feuer des Glaubens.

(Martin Luther)

Beten heißt reden mit Gott

„Mit Lisa in der Kirche gewesen. Konnte nicht beten…" Diese kurze Bemerkung aus einem Roman von Martin Walser können wir nachvollziehen. Viele von uns, die den Sonntagsgottesdienst mitfeiern, haben Schwierigkeiten mit dem Beten. Früher wurde gefragt: Wie soll ich beten – zu welcher Tageszeit, in welcher Haltung, mit welchen Texten? Heute fragen viele: Warum soll ich überhaupt beten?

Gebet, das ist Lob Gottes in höchsten Tönen oder zutiefst menschliche Klage, Ausdruck himmelhoher Freude oder abgrundtiefer Not. Gebet ist

Reden mit Gott, innige Zwiesprache halten mit dem nahen oder fernen Wesen, innere Dialoge führen mit dem großen liebenden oder womöglich zürnenden Geist. Ihm sagen, was war und was ist, ihn fragen, was werden soll. Die ganze Bandbreite des Lebens kommt im Gebet zur Sprache, wenn das Beten gelingt. Wie es gelingt, steht in der Bibel zu lesen, insbesondere im Gebetbuch Jesu, in der Sammlung der 150 Psalmen, diesen exemplarischen Gebeten in allen nur denkbaren Tonarten: singbare Gebete, betbare Lieder.

Beten kann man lernen. Beten ist das Gespräch mit Gott. Ihm danken wir für seine Gnade, Güte und Barmherzigkeit, die er uns spüren lässt, wenn er uns Tag für Tag begleitet und uns den Weg weist. Dieser Weg kann steinig, düster und manchmal auch aussichtslos wirken. Doch dem ist nicht so. Indem wir Gott im Gebet anrufen und ihm sagen, was uns auf der Seele brennt, was uns belastet, wovor wir Angst haben – beten wir zu Gott. Jeder kann sicher sein, dass Gott unsere Gebete erhört.

Das Gebet ist der Rahmen unseres Glaubens. Im täglichen Gespräch mit Gott sind wir mit ihm in Zwiesprache. Nicht nur im Gottesdienst sondern auch im Alltag ist Gott anwesend und erhöht uns wenn wir zu ihm am Morgen, zu Mittag und/oder am Abend beten. Am leichtesten fällt es uns, wenn wir zu Gott wie mit einem sehr guten Freund oder unserem Vater bzw. unserer Mutter sprechen. Wir dürfen ihm vertrauen, er nimmt uns nichts krumm.

Nicht immer werden wir auf den ersten Blick erkennen, welche Antwort er für uns bereit hält, und vielleicht sind wir unzufrieden, wenn wir scheinbar keine Antwort von ihm erhalten. Doch dies täuscht. Scheinbar unerwartet offenbart sich ein neuer Weg oder ein hoffnungsvoller Gedanke.

„Dass wir beten sollen, steht in der Bibel, was wir beten sollen, steht in der Zeitung“, weist Martin Luther King auf ein unerschöpfliches Reservoir für Fürbitten hin und darauf, dass Gebete nicht nur immer um das eigene Ich und dessen Bedürfnisse kreisen sollten. „Kurz soll man beten, aber kräftig“, sagte Martin Luther zu unser aller Entlastung, und konnte doch selbst etliche Stunden am Tag im Gebet verbringen.
Beten geschieht am besten in schöner Regelmäßigkeit, als schweigende Zwiesprache mit Gott, als vor sich und ihn hingesprochenes Wort. Treue gehört dazu. „Ich betete immer, selbst wenn ich glaubte, nicht beten zu können“, heißt es in einem Gebetbuch. Aber auch nicht zu verachten, sagt die rabbinische Weisheit, sei das kleine Gebet zwischendurch, das „Gebet des Gehetzten“, irgendwo unterwegs im geschäftigen Trubel der Städte. „Teuer, sehr teuer ist er

vor Gott geachtet, und sein Gebet durchbohrt die Firmamente."

Beten kennt die verschiedensten Formen: hochsprachlich gefügte Texte, spontane Rufe vor Freude oder Entsetzen, hilflos gestammelte Worte, literarisch wertvolle Reime. Hochzuschätzen und gleichzusetzen mit den „Gebeten der Großen des Glaubens": Kindergebete in ihrer ungelenkten und unverdorbenen Echtheit.

Beten kann einfach auch Stillwerden bedeuten, die eigene Leere spüren und Gott um Erfüllen bitten. „Als mein Gebet immer andächtiger und innerlicher wurde, da hatte ich immer weniger und weniger zu sagen, und zuletzt wurde ich ganz still", fasste der dänische Philosoph und Theologe Sören Kierkegaard (†1855) seine Erfahrungen mit dem Gebet zusammen. Beten für Fortgeschrittene tröstlicherweise auch für gelegentlich wortlos Gewordene: einfach still werden vor Gott.

Vater unser

Vater unser im Himmel,
geheiligt werde dein Name,
dein Reiche komme,
dein Wille geschehe,
wie im Himmel so auf Erden.
Unser tägliches Brot gib uns heute.
Und vergib uns unsere Schuld, wie
auch wir vergeben unsern Schuldigern.
Und führe uns nicht in Versuchung,
sondern erlöse uns von dem Bösen.
Denn dein ist das Reich
und die Kraft
und die Herrlichkeit in Ewigkeit.
Amen.

Unser tägliches Brot gib uns heute

Jesus, wenn er von Gott etwas für sich selbst erbittet, beginnt mit einem Vorwort: „Mein Vater, wenn's möglich ist, dann ...". Und er schließt mit einem Nachsatz: „Doch nicht wie ich will, sondern wie du willst!" Er lehrte uns aber auch das Vaterunser, den Urtypus christlichen Betens (Matthäus 6 und Lukas 11).

„Herr, lehre uns beten!" baten die Jünger, und Jesus lehrte sie dieses erstaunlich kurze, um so kompaktere Gebet, das allem „Plappern" wehrt, dem Missverständnis, man müsse „viele Worte machen".

Das Vaterunser kann man wohl als das bekannteste „Tischgebet" ansehen. Es stammt von Jesus Christus und wird darum von Christen aller Konfessionen gebetet. Es wurde zuerst in griechisch aufgeschrieben

(Pater Hemon) und seither in so gut wie alle Sprachen übersetzt. Das Gebet befindet sich in der Bibel (Matthäusevangelium, Kapitel 6).

***

5 *Und wenn ihr betet, sollt ihr nicht sein*
wie die Heuchler, die gern in den Syna-
gogen und an den Straßenecken stehen
und beten, damit sie von den Leuten
gesehen werden. Wahrlich, ich sage euch:
Sie haben ihren Lohn schon gehabt.
6 *Wenn du aber betest, so geh in dein*
Kämmerlein und schließ die Tür zu und
bete zu deinem Vater, der im Verborge-
nen ist; und dein Vater, der in das Ver-
borgene sieht, wird dir's vergelten. 7 *Und*
wenn ihr betet, sollt ihr nicht viel plap-
pern wie die Heiden; denn sie meinen, sie
werden erhört, wenn sie viele Worte
machen. 8 *Darum sollt ihr ihnen nicht*
gleichen. Denn euer Vater weiß, was ihr
bedürft, bevor ihr ihn bittet.

*9Darum sollt ihr so beten: Unser Vater
im Himmel! Dein Name werde geheiligt.
10Dein Reich komme. Dein Wille ge-
schehe wie im Himmel so auf Erden.
11Unser tägliches Brot gib uns heute.
12Und vergib uns unsere Schuld, wie
auch wir vergeben unsern Schuldigern.
13Und führe uns nicht in Versuchung,
sondern erlöse uns von dem Bösen.
[Denn dein ist das Reich und die Kraft
und die Herrlichkeit in Ewigkeit. Amen.]
14Denn wenn ihr den Menschen ihre
Verfehlungen vergebt, so wird euch euer
himmlischer Vater auch vergeben.
15Wenn ihr aber den Menschen nicht
vergebt, so wird euch euer Vater eure
Verfehlungen auch nicht vergeben.*

Das Vater unser in verschiedenen Sprachen:

Hebräisch (Ivrith)

Abinu asher ba-shamaim,
yikadash shmexa:
tavua malxutxa
yehi retsonxa
ka-asher ba-shamaim va-ken ba-arets:
lexemnu tamidei yom ba-yom ten lanu
ha-yom:
va-slax lanu et xovoteinu
ka-asher ve-anu salaxnu
le-ba'alei xovoteinu
ve-al tevi'enu li-nision:
ki im xazeilnu mi-ra'.
ki lexa ha.mamlaka ve-ha-gevurah
ve-ha-tiferet le-olemei olamim.
amen.

Lateinisch

Pater noster, qui es in coelis:
sanctificetur nomen tuum;
adveniat regnum tuum;
fiat voluntas tua,
sicut in caelo, et in terra.
Panem nostrum cotidianum
da nobis hodie;
et dimitte nobis debita nostra,
sicut et nos dimittimus debitoribus
nostris;
et ne nos inducas in tentationem;
sed libera nos a malo.
Quia tuum est regnum,
et potestas,et gloria in saecula.
Amen

Ladinisch – Rätoromanisch

Pere nost, che t'ies n ciel,
sibe santificá ti inuem,
vënie ti rëni,
sibe fata ti ulentà
coche n ciel nsci n tiëra.
Da-nes ncuei nosc pan d'unidi
y lasce-nes dò nosc debit,
coche nëus lascion dò a nosc debitëures,
y no nes mené tla tentazion,
ma libre-nes del mel.

Italienisch

*Padre nostro che sei nei cieli,
sia santificato il tuo nome,
venga il tuo regno,
sia fatta la tua volontà
come in cielo cosí in terra.
Dacci oggi il nostro pane quotidiano,
e rimetti a noi i nostri debiti
come noi li rimettiamo ai nostri debitori,
e non ci indurre in tentazione,
ma liberaci dal male.
Amen*

Englisch

Our Father who art in heaven,
hallowed be thy name.
Thy kingdom come,
Thy will be done
on earth as it is in heaven.
Give us this day our daily bread.
And forgive us our trespasses,
as we forgive those
who trespass against us.
And lead us not into temptation,
but deliver us from evil.
For thine is the kingdom,
and the power, and the glory,
for ever and ever.
Amen!

Französisch

Notre Père qui es aux cieux,
que ton nom soit sanctifié,
que ton règne vienne,
que ta volonté soit faite
sur la terre comme au ciel.
Donne-nous aujourd'hui
notre pain de ce jour.
Pardonne-nous nos offenses,
comme nous pardonnons aussi
à ceux qui nous ont offensés.
Et ne nous soumets pas à la tentation,
mais délivre-nous du mal.

Car c'est à toi qu'appartiennent
la règne, la puissance et la gloire,
pour les siècles des siècles.
Amen

Kroatisch

Oće naš koji jesi na nebezima,
sveti se Ime tvoje,
Dodi kraljevsto Tvoje.
Budi volja Tvoja,
kako na nebu tako i na zemlji.
Kruh naš svagdanij daj nam danas.
I otpusti nam duge naše,
kako i mi otpuštamo dušnicima našim.
I ne uvedi nas u napast,
nego izbavi nas od zla.
Jer tvoje je kraljevstro i slava
i moć u vjekove.
Amen.

Slowenisch

Oče naš, ki si v nebesih,
posvečeno bodi tvoje ime,
pridi k nam tvoje kraljestvo,
zgodi se tvoja volja,
kakor v nebesih, tako na zemlji.
Daj nam danes naš vsakdanji kruh
in odpusti nam naše dolge,
kakor tudi mi odpuščamo svojim
dolžnikom,
in ne vpelji nas v skušnjavo,
temveč reši nas hudega.
Amen!

Esperanto

Patro nia, kiuestas en la cielo.
Sanktigata estu via nomo.
Venu via regno.
Farigu via volo,
kiel en la cielo, tiel ankau sur la tero.
Nian panon ciutagan donu al ni hodiau.
Kaj pardonu al ni niajn suldojn,
kiel ankau ni pardonasal niaj suldantoj.
Kaj ne konduku nin en tenton.
Sed liberigunin de la malbono.
Amen!

Alle Augen hoffen
auf die Hand des Herrn.
Sie steht immer offen,
denn sie segnet gern.
Hält auch jetzt uns allen
hier den Tisch bereit.
Herr, lass dir gefallen
unsre Dankbarkeit!

***

Alle deine Gaben
können uns zwar laben.
Aber keine, Jesu Christ,
ist, was du uns selber bist:
Du Brot des Lebens.

Alle Geschöpfe
warten auf dich,
o Herr,
dass sie zur rechten Zeit
ihr Essen bekommen.
Gibst du ihnen,
nehmen sie.
Öffnest du deine Hand,
werden sie satt.
Danke, Herr,
für deine Gaben.

(Ps 104, 27-28)

Alle gute Gabe
kommt her von Gott,
dem Herrn,
drum dankt ihm, dankt
drum dankt ihm, dankt,
und hofft auf ihn.

Matthias Claudius (1740-1815)

Alle guten Gaben,
alles, was wir haben,
kommt, o Gott, von dir.
Wir danken dir dafür.

***

Alle guten Gaben kommen,
Herr, von dir.
Was wir sind und haben,
dafür danken wir.

Allen Hunger,
den wir haben,
stillen wir
mit Gottes Gaben,
alles Dürsten,
das wir stillen,
stillen wir
mit Gottes Willen.
Alle Sehnsucht ist erfüllt,
wenn Gott selbst
als Nahrung quillt.

Aller Augen
warten auf dich,
Herr,
denn du gibst ihnen
ihre Speise zu jeder Zeit.
Du tust deine milde Hand auf
und sättigst alles was da lebt
mit Wohlgefallen.

(*Psalm* 145,15-16)

Aller Augen
warten auf dich,
o Herr,
du gibst uns Speise
zur rechten Zeit.
Du öffnest deine Hand
und erfüllst alles,
was lebt,
mit Segen.

(Psalm 145,15-16)

Alles lebt von deinen Gaben,
Vater, was wir sind und haben,
alles Gute kommt von dir.
Du hast uns noch nie vergessen,
gibst auch heute uns zu essen.
Herzlich danken wir dafür.

Alles Gute kommt von dir,
o Herr.
Segne diese Speisen.
Wir wollen sie
in Dankbarkeit genießen.

***

Alles lebt von deiner Hand,
großer Gott und Herr.
Jedes Volk und jedes Land
gebe dir die Ehr'.

Armut und Reichtum
gib mir nicht, Herr;
lass mich aber
mein Teil Speise
dahinnehmen,
das du mir
beschieden hast.

(Sprüche 30,8)

Aus deinen Händen
nehmen wir,
was wir zur Nahrung haben
und danken,
lieber Vater, dir
für deine guten Gaben.
Doch niemand lebt von Brot allein,
damit wir nicht verderben,
musst du das Brot des Lebens sein
zum Leben und zum Sterben.

Christus, den Segen sprich
über dieses Mahl und die Gaben,
dass sie nach deinem Geheiß
nähren den ermüdeten Leib.
Nicht das Brot allein
erhält dieses zerbrechliche Leben,
lange Lebenszeit
gibt auch dein
himmlisches Wort.

Bevor wir essen, Herr,
denken wir an die,
die Hunger haben
und nicht satt werden.

***

Dank sagen wir für unser Brot,
Dank für das Leben, du guter Gott.
Dank sagen wir und bitten zugleich,
deck uns den Tisch in deinem Reich.

Danke!

(2 x Klatschen)

Danke!

(2 x Klatschen)

Danke!

(2 x Klatschen)

Danke!

(2 x Klatschen)

(Und dann das Ganze noch einmal.)

Danke guter Gott,

wir danken dir!

(Ein Tischgebet zum Singen oder Rappen)

Danket dem Herrn,
denn er ist freundlich,
und seine Güte
währet ewiglich.
Es sollen dir danken,
Herr,
alle deine Werke
und deine Heiligen
dich loben.

(Psalm 145, 15f)

Das Brot, Herr, uns segne,
das tägliche Brot.
Bewahre uns vor Zwietracht
und bitterer Not,
und gib all den Armen
in unserem Land
das tägliche Brot, Herr,
mit gütiger Hand.

Das Brot, Herr,
uns segne,
das tägliche Brot,
bewahre uns auch
vor großer Not,
und gib allen Menschen
in unserem Land
das tägliche Brot, Herr,
aus deiner Hand.

Das Brot vom Korn,
das Korn vom Licht,
das Licht aus Gottes Angesicht.
Die Frucht der Erde
aus Gottes Schein,
lass' Licht auch werden
im Herzen mein.

Das liebe Brot gibst du, Herr Gott,
dem Leib nach seiner Weise.
Im Wort bist du, Herr Christ,
der Seele Kraft und Speise.
Geist Gottes, segne Wort und Brot
zu Schöpfers Lob und Preise.

Dass sie gesättigt werde,
ruft täglich dich in Not
die ganze weite Erde,
Herr Gott, ums täglich Brot.
Gib ihr und uns zum Leben
das Brot durch deine Huld.
Wollest dich uns selber geben,
vergib uns unsre Schuld.

Der du an diesem Tag
den Tisch uns deckst
und so das Herz
zum Danken weckst:
Wir bitten dich,
kehr bei uns ein,
lass, was du uns gibst,
gesegnet sein.

Der du den Tisch bereitet hast,
o Herr, tritt ein und sei uns Gast
und segne, was wir haben.
Lehr uns bedenken,
dass wir sind,
all Kreatur und Menschenkind,
die Gäste deiner Gaben.

Der du der Erde
Brot gegessen,
mit den Sündern
bist zu Tisch gesessen:
Herr Jesu, komm
und mach uns satt,
dass Leib und Seele
Genüge hat!

Der du einst Tausenden
das Brot gebrochen
und bei den Deinen
stets zu sein versprochen,
du wollest auch jetzt
mit unsichtbaren Händen
zu diesen Gaben
deinen Segen spenden.

Der Mensch lebt nicht vom Brot allein
sondern von einem jeden Wort,
das aus dem Munde Gottes geht.
(Matthäus 4,4)

***

Der Herr lass seinen Segen
über unseren Tische fegen.

Der HERR ist mein Hirte,
mir wird nichts mangeln.
Er weidet mich auf einer grünen Aue
und führet mich zum frischen Wasser.
Er erquicket meine Seele.
Er führet mich auf rechter Straße
um seines Namens willen.
Und ob ich schon wanderte im finstern
Tal, fürchte ich kein Unglück;
denn du bist bei mir,
dein Stecken und Stab trösten mich.
Du bereitest vor mir einen Tisch im
Angesicht meiner Feinde.
Du salbest mein Haupt mit Öl
und schenkest mir voll ein.
Gutes und Barmherzigkeit werden mir
folgen mein Leben lang,
und ich werde bleiben im Hause des
Herrn immerdar.

(Psalm 23)

Der Tisch ist gedeckt
und alles bereitet,
nun seht,
was die Güte des Schöpfers
uns bietet!
Ja, schmecket und sehet,
wie freundlich Er ist,
der niemals und nirgends
die Seinen vergisst!

Der Tisch ist reich gedeckt,
wir haben keine Not,
das haben wir entdeckt,
wir danken dir, o Gott!

***

Die Sonne, das Leben,
das tägliche Brot
hast du uns gegeben,
du guter Gott.
Komm, segne auch heute unser Essen,
und hilf, dass wir dich nie vergessen.

Dir sei, Gott,
für Speis und Trank,
für alles Gute
Lob und Dank.
Du gabst, du willst
auch künftig geben,
dich preise unser
ganzes Leben.
Amen.

Du beschenkst uns,
Gott, damit wir leben können.
Lass uns dankbar teilen:
Freude und Leid,
Leben und Nahrung.
Hier miteinander
an diesem Tisch,
rund um die Welt mit denen,
die hungern,
verbunden mit deiner
ganzen Schöpfung
und allem, was lebt.

Du bist's,
der alles Gute schafft,
du gibst uns
Speis und Lebenskraft,
lass nun,
o Gott,
auch dir allein
all unser Tun
geheiligt sein.

Du gibst uns, Herr,
durch Speis und Trank
Gesundheit, Kraft und Leben.
So nehmen wir
mit Lob und Dank,
das, was du jetzt gegeben.

***

Für dich und mich
ist der Tisch gedeckt,
hab' Dank lieber Gott,
dass es so schmeckt!

Du lädst uns ein
gütiger Gott!
Du lädst uns ein.
Du bringst Segen herein.
Wir dürfen bei dir sein.
Für deine Gegenwart
an diesem Tisch,
für alle Nahrung,
so labend,
für Speis und Trank
hab Dank.
Amen.

Du schenkst uns,
Herr, so väterlich
jetzt Speis und Trank.
Wir preisen dich.
Denn alles,
was uns stärkt und nährt,
wird uns durch
deine Hand beschert.

Du unser Gott hast
das Brot uns geschenkt,
Sonne und Regen
so gütig gelenkt.
Dir sei gedankt
zu jeder Zeit.
Du seiest gelobt
in Ewigkeit.

Durch deine Gnade
haben wir
auch heute unser Brot,
wir nehmen's hin
und danken dir,
du lieber,
treuer Gott.

Ehre sei dir Herr,
um deiner Güte willen.
Hilf uns,
mit Nahrung zu versorgen,
die nichts zum Essen haben.
Bewahre uns in Frieden
und lass unsere Herzen
dir allezeit lobsingen.

(Taizé)

Es blicken unsre Augen erwartend,
Herr, auf dich.
Du wollest uns erquicken
mit Speise gnädiglich.
Ja, Herr, du öffnest allen
die Hand voll Freundlichkeit
und sättigst mit Gefallen,
was lebt, zu seiner Zeit.

Es warten alle auf dich,
Herr,
dass du ihnen Speise gibst
zur rechten Zeit.
Wenn du ihnen gibst,
so sammeln sie;
wenn du deine Hand auftust,
so werden sie mit Gutem gesättigt.

(Psalm 104, 27-28)

Gelobt sei der himmlische Vater,
der uns das Brot
der Erde geschenkt;
gelobt sein heiliger Sohn,
der uns das Wort
des Lebens gebracht;
gelobt der Heilige Geist,
der uns zum Mahl
der Liebe vereint.
Amen.

Gib uns unser täglich Brot,
dass wir leben können!
Hilf in jeder Leibesnot,
die wir dir benennen.
Vater unser, der du bist
in dem Himmel droben:
Gib, dass wir zu aller Zeit
lieben dich und loben.

Gib uns unser täglich Brot,
segne Mahl und Rast,
sei in Freude und in Not
unser Herr und Gast.

***

Go schreit it über Mountains,
unseren Dank for das good Food.
Go schreit it über Mountains,
then Gott is unser Lord.

(Ein Tischgebet zum Singen auf
McDonald's-Deutsch nach dem Gospel
„Go tell it on the mountain")

Gott,
du nährst die Vögel in den Bäumen,
du schmückst die Blumen auf dem Feld,
du machst ein Ende unserm Sorgen,
hast alle Tage schon bedacht.
Wir danken dir für dieses Essen,
wir danken dir, dass du uns trägst,
Du, Vater, bist in unsrer Mitte,
so segne uns und was du gibst.

(Mt. 6)

VOR DEM ESSEN

Gott, du unser Vater,
höre unser Gebet:
Tag für Tag setzen wir uns
an den gedeckten Tisch:
Wir haben zu essen
und brauchen nicht zu hungern.
Lass uns nie so satt werden,
dass wir die Not anderer übersehen.
Gib uns die soziale Gesinnung,
mit denen zu teilen,
die nicht das nötige Brot haben.
Das erbitten wir durch Christus,
unseren Herrn.
Amen.

NACH DEM ESSEN

Gott, du unser Vater,
erhöre unser Gebet:
Wir gehören zu dem
einen Drittel der Menschheit,
dem es gut geht:
Wir haben Arbeit und Auskommen.
Lass uns mit dem zufrieden sein,
was uns täglich zukommt
und geschenkt wird,
und uns in unseren persönlichen
Ansprüchen bescheiden.
Das erbitten wir durch Christus,
unseren Herrn.
Amen.

Gott, von dem wir
alles haben,
wir preisen dich
für deine Gaben.
Du speisest uns,
weil du uns liebst,
so segne auch,
was du uns gibst.

Guter Gott,
auf der Erde gibt es viele Menschen,
die nicht genug zu essen haben
und Hunger leiden.
Wir haben normalerweise
immer genügend zu essen.
Für uns ist Essen so selbstverständlich,
dass wir oft gar nicht mehr
darauf achten.
Alle Nahrungsmittel kommen
aus deiner guten Schöpfung.
Hilf uns, dass wir uns beim Essen
daran erinnern und mit dem Essen
sorgsam umgehen,
es nicht verschwenden
und wegwerfen.
Amen.

Guter Gott,
danke für alles,
was du uns gibst!
Danke für die Erde,
die uns so gute Gaben schenkt.
Danke für alle Menschen,
die dafür gearbeitet haben,
dass wir jetzt zu essen haben.

Guter Gott,
dein Sohn Jesus Christus
hat Mahl gehalten
mit vielen Menschen.
Gib, dass er jetzt auch bei uns ist.
Lass uns leben
in seiner Dankbarkeit,
teilen in seiner Hingabe
und aufgehoben sein
in seiner Verbundenheit
mit allen Geschöpfen.

Guter Gott,
du stillst jeden Tag unseren Hunger.
Das macht uns glücklich und froh.
Du schenkst uns Menschen,
die uns Freude machen.
Du schenkst uns Menschen,
die gut zu uns sind
und die uns verzeihen,
wenn wir Fehler machen.
Dafür danken wir dir.
Amen.

Guter Gott,
ich danke dir,
dass du gabst
zu essen mir.
Mache auch
die Armen satt.
Hilf, dass keiner
Hunger hat.

Guter Gott
mit dem Essen,
das du uns heute gibst
zeigst du, dass du uns liebst.
Schenke allen Menschen
auf dieser Welt, was ihnen
zum Leben fehlt.
Amen.

Guter Gott,
öffne unsere Augen und unser Herz,
dass wir für diese Gaben dir und allen,
die sich darum bemüht haben,
dankbar sind.
Lass uns nie
selbstverständlich annehmen,
was wir jeden Tag bekommen.
So segne uns und unser Essen
der gute Gott,
der Vater, der Sohn
und der Heilige Geist.
Amen.

Guter Gott,
wir danken dir,
dass wir unseren Tisch
so reichlich decken können
und dass wir soviel essen können,
bis wir satt sind.
Wir danken dir für all das
Essen und Trinken,
es sind wertvolle Geschenke
von dir.
Amen.

Guter Vater im Himmel,
wir freuen uns,
dass wir leben und gesund sind.
Das verdanken wir dir,
denn du bist der Geber alles Guten.
Wir bitten dich jetzt:
Segne unser Essen und uns alle,
die wir hier zusammen sind.
Sei mitten unter uns
und sorge auch heute für uns.
Amen.

Herr Christ,
der du in Gnaden
dich lässt zu Tische laden,
kehr jetzt hier bei uns ein.
Wollest unsrem Leibe geben
Gesundheit, Kraft zum Leben,
und unsrer Seel'
dein Nahesein.

Herr Christ, du lehrst uns bitten
um unser täglich Brot.
Komm selbst in unsre Mitten,
du Lebensbrot aus Gott.

***

Herr Christ,
sei Gast und Herr im Haus,
teil Gottes gute Gaben aus.
Gib du dich selbst, du stillst die Not.
Herr Christ, du bist das wahre Brot.

Herr, dein Name sei geehret,
dass du uns das Brot bescheret,
dass dem Leib du wohlgetan,
nimm dich unsrer Seele an.
Zeitlich Brot hast du gegeben:
Gib uns auch das ewige Leben.

Herr, deine Güte reicht,
so weit der Himmel ist,
und deine Wahrheit,
so weit die Wolken gehen.

***

Herr, dessen Güte ewig währt,
du gibst uns täglich,
was uns nährt,
lass deine Gaben uns gedeihen
und lass uns dir recht dankbar sein.

Herr, du lässt Quellen hervorsprudeln,
Wasser in Tälern fließen zwischen Bergen.
Sie tränken alles Leben.
Die Feldtiere löschen dort ihren Durst,
an den Ufern die Vögel.
Die Berge tränkst du aus deinen Wolken.
Vom Himmel her nährst du die Erde.
Für das Vieh lässt du Gras wachsen,
für den Menschen alles, was er braucht:
Brot von der Erde
und Wein, der das Herz erfreut.
Auch Öl für seine Schönheit.
Und Brot, damit er
stark bleibt und gesund.
Preise meine Seele den Herrn!

(Ps.104, 10-15.35b)

Herr, durch dein Schenken
haben wir auch heute unser Brot;
wir nehmen's hin und danken dir,
du treuer, gütiger Gott.

***

Du gibst uns, Herr,
durch Speis und Trank
Gesundheit, Kraft und Leben.
So nehmen wir mit Lob und Dank,
das, was du jetzt gegeben.

Herr,
einst hast du
das Brot vermehrt,
so dass es Tausende genährt;
auch heut vermehrst du
immerdar die Saat
zur Ernte wunderbar.
So gibst auch heute
du das Brot.
Wohl uns,
wir leiden keine Not.

Herr, gib uns täglich unser Brot,
segne Speis und Rast.
Sei in Freude und in Not
unser Herr und Gast.
Amen.

***

Herr Gott, himmlischer Vater,
segne uns und diese deine Gaben,
die wir von deiner Güte zu uns nehmen
durch Jesus Christus, unseren Herrn.

Herr Gott,
von deiner Gnade leben wir,
und was wir haben,
kommt von dir.
Drum sagen wir dir
Dank und Preis,
tritt segnend ein
in unsern Kreis.

Herr, guter Gott,
wir danken dir,
dass wir auch heute wieder
vor vollen Tellern sitzen.
Wir bitten dich:
Gib auch denen zu essen,
die nicht einmal einen Teller haben.

*Herr Jesus Christus,
du hast die Menschen
gern eingeladen und dich
mit ihnen zusammengesetzt.
Komm jetzt auch zu uns
und sei bei unserer Mahlzeit
der Gastgeber.
Gib, dass unser Platz
an deinem Tisch
nie leer bleibt.*

HERR JESUS CHRISTUS,
DU HAST GESAGT,
selig die hungern und dürsten
nach der Gerechtigkeit,
denn sie werden gesättigt werden.
Schenke uns mit dem
Segen dieser Gaben
auch den Geist der Bereitschaft,
zum Einsatz für Gerechtigkeit,
Frieden und Liebe.
Amen.

Herr, lass all die Gaben dein
zum Wohle uns,
zum Lob dir sein.
Amen.

***

Herr, lass uns bei diesem Essen
deine Güte nicht vergessen.
Teile deine Liebe aus,
gib Frieden uns
in Herz und Haus.

Herr, segne uns
aus deiner reichen Fülle!
Wir klopfen bei dir an,
wie es dein Wille.
Gib, dass wir täglich
deine Huld ermessen,
dich, Geber alles Guten,
nie vergessen!

Tritt, Herr,
all' liebster Gast
in unsre Mitte ein
und lass die Gaben dein
durch dich gesegnet sein!

Herr, segne uns auch heute
mit Speise und mit Freude
und sei mit deinem Namen
in unsrer Mitte.

Herr, segne uns und diese Gaben,
die wir von deiner großen Güte
nun empfangen.
Durch Christus,
unseren Herrn.

Herr, segne uns und deine Gaben,
die wir von deiner Güte empfangen.
Mach uns zu Tischgenossen
in deinem Reich,
du König
der ewigen Herrlichkeit.

(Taizé)

Herr, segne unser täglich Brot,
so sind wir wohl geborgen.
Hilf allen Menschen
in der Not und allen,
die sich sorgen.

Herr und Vater,
wir danken dir für dieses Mahl.
Du hast uns heute neu gestärkt.
Hilf uns in deiner Kraft,
dir und unseren Mitmenschen
zu dienen.
Amen.

Herr, unser Gott, das Essen ist fertig.
Der Geruch ist wunderbar,
das Wasser läuft uns
im Munde zusammen.
Segne unser Essen!
Mache unsern Leib gesund
und unsere Freude groß.
Du bist der Vater aller.
Wir danken dir sehr!

(aus Papua Neuguinea)

Herr, unser Gott,
du gibst der Welt das Leben:
Segne diese Mahlzeit.
Gib uns Liebe untereinander
und den Geist der Dankbarkeit.

***

Herr, vergelte in Güte allen,
die uns um deines Namens willen
Gutes tun,
und schenke ihnen
das ewige Leben.
Amen.

Herr, unser tägliches Brot
gib du uns heute.
Für jedes Stück Brot danken wir dir,
für jeden Schluck Wasser
sagen wir danke.
Wir denken an die,
die in Flüchtlingslagern leben
– von Wasser und Brot,
die in Gefängnissen hoffen
– bei Wasser und Brot,
die in Armut und Elend warten
– auf Wasser und Brot,
und wir denken auch
an die Armen bei uns.
Herr wir wollen uns
auf den Weg machen,
auf den Weg zu ihnen und zu uns.
Sei du mit uns.
Amen.

Herr, wir danken dir
für diese Gaben.
Wir danken dir,
dass wir zu Essen haben,
dass wir gesund sind,
dass wir ein Dach
über dem Kopf haben.
Bitte hilf uns auch
weiterhin und segne
nun unser Essen.

Herr, wir danken dir für alle Gaben,
die du uns geschenkt hast.
Lehre uns, nicht nur in Worten,
sondern auch in Taten zu danken,
denn dann erfüllen
wir deinen Willen
durch Jesus Christus,
unseren Herrn.
Amen.

Herr, wir falten jetzt die Hände
dankerfüllt, dass ohne Ende
deine Güte, deine Treue
täglich uns versorgt aufs Neue.

Herr, wir freuen uns deiner Treue,
deiner Güte und Freundlichkeit.
Du versorgst uns stets aufs Neue,
deckst den Tisch uns allezeit.
Habe Dank für deine Gaben,
lass uns ihren Sinn verstehn,
und die sie bereitet haben,
lass auch deine Güte sehn.

Herr, wir gehen zu dem Essen,
lass uns deiner nicht vergessen,
denn du bist das Himmelsbrot.
Stärk die Leiber, stärk die Seelen,
die wir dir jetzt anbefehlen,
hilf uns Herr in aller Not,
dass wir einst nach dieser Erden
deine Gäst' im Himmel werden.
Ja, das gib, du guter Gott.

Herr, wir wollen bei dem Essen
nicht die Hungernden vergessen.
Hilf, dass wir auf dieser Erden
Boten deiner Liebe werden.
Stille du ihren Hunger,
wie du heute Mittag
unseren Hunger stillst.
Lass uns dabei mithelfen
und zeige uns
was wir tun können.

Hunger nach Essen und Trinken,
Hunger nach Gerechtigkeit,
Hunger nach Liebe,
Hunger nach Hoffnung.

***

Im täglichen Mahl,
o Herr, erkennen wir deine Güte.
Wir danken dir
und loben dich in Ewigkeit.
Amen.

Irgendwo, Gott, hat jemand gepflanzt.
Irgendwo, Gott, hat jemand gepflegt.
Irgendwo, Gott, hat jemand geerntet.
Irgendwo, Gott, hat jemand verladen.
Hier, Gott, hat jemand eingekauft.
Hier, Gott, hat jemand gekocht.
Hier, Gott, hat jemand
den Tisch bereitet.
Dankbar, Gott, lass uns genießen
unter deinem großen Segen.

Jedes Tierlein hat sein Essen,
jedes Blümlein trinkt von dir,
hast auch uns noch nie vergessen:
Lieber Gott, wir danken dir!
Amen.

Jesus, du hast
mit den Sündern gegessen,
und hast uns dadurch gezeigt,
dass du alle Menschen liebst.
Jetzt wissen wir:
Wenn wir zusammensitzen
und mit anderen essen,
werden wir Freunde sein.

Jesus, du nahmst Brote und Fische
und gabst sie den Jüngern,
und die Jünger verteilten sie,
und alle wurden satt.
Wenn wir jetzt essen,
lass auch uns miteinander teilen,
damit durch dieses Essen
nicht nur der Leib satt wird,
sondern auch
eine Gemeinschaft entsteht.
Dazu gib uns deinen Segen.

Keiner kann sich selbst ernähren,
keiner lebt für sich allein,
alle Menschen sind Geschwister,
alle sollen glücklich sein.
Danke Herr, du gibst uns Menschen,
was zum Leben nötig ist.
Lass mich auch den Nächsten sehen,
so wie du, Herr Jesus Christ.
Amen.

Ein Gebet mit Kindern:
Klatscht in die Hände,
dankt unserem Gott!
(Hände klatschen)
Gebt euch die Hände,
er schenkt uns das Brot.
(Hand geben)
Faltet die Hände,
er schützt uns vor Not.
(Hände falten)
Bittet für Menschen,
die Armut bedroht.
(Hände zu einer Schale machen)

Komm, Herr Jesus,
sei unser Gast
und segne,
was du uns bescheret hast.

***

Lass uns, Herr,
bei unserm Essen
deine Güte nicht vergessen.
Teil uns deine Liebe aus,
gib uns Fried in Herz und Haus.

Lass uns, Herr, beim Trinken, Essen
deine Güte nicht vergessen.
Teil uns deine Gaben aus,
füll mit Frieden Herz und Haus.

***

Lass uns, Herr, beim Trinken, Essen
deine Güte nicht vergessen.
Lass uns in dem, was du uns gibst,
erkennen, Herr, dass du uns liebst.

Lieber Gott,
das Essen hat uns gut geschmeckt.
Vieles kam aus fernen Ländern:
der Reis aus China,
der Tee aus Indien,
der Fisch aus Island,
der Käse aus Holland,
die Orangen aus Israel,
der Kakao aus Lateinamerika...
Wie reich ist unsere Erde!
Du hast sie so gemacht.
Wir danken dir, lieber Gott.

Lieber Gott, es ist schön,
mit allen um einen Tisch zu sitzen
und sich zusammen auf das Essen
zu freuen. Wir danken dir dafür.

***

Lieber Gott, für Speis und Trank
sagen wir dir Lob und Dank.
Amen.

Lieber Gott,
heute bin ich allein zu Hause.
Ich danke dir,
dass es etwas zum Essen gibt.
Und ich bitte dich
für meine Mutter
und meinen Vater:
Lass es ihnen gut gehen
in der Arbeit!

Lieber Gott,
wie schön ist es,
dass wir zusammen am Tisch sitzen!
Wir können miteinander essen
und trinken,
wir reden miteinander
und hören einander zu.
Wir sind eine Familie,
das macht uns
glücklich und froh.
Wir danken dir,
Vater im Himmel.

Lieber Gott, ich freue mich wieder
auf dieses gute Essen.
Du sorgst für uns
mit so vielen köstlichen Dingen.
Dafür möchte ich dich lobpreisen.
Ich denke aber auch oft an die hungrigen
Menschen, die jetzt gerne bei mir am
Tisch sitzen würden, um mitzuessen.
Bitte stärke die Armen,
dass sie nicht verzweifeln.
Ich wünsche mir, dass es eine Zeit geben
wird, wo alle Menschen satt werden
und dich gemeinsam lobpreisen für
einen reich gedeckten Tisch..
Im Namen Jesu danke ich dir.
Amen.

Lieber Gott,
wir haben wieder genug zu essen.
Manchmal nehmen wir es
als selbstverständlich hin.
Wir wollen danken all denen,
die dieses Essen zubereitet haben.
Wir wollen auch an alle denken,
die nicht so viel haben.
Schenke uns immer
die Bereitschaft zu teilen.
Lass alle Menschen satt werden.
Amen.

Lieber Gott,
wir danken dir für das Essen.
Du bist das Brot des Lebens.
Das Essen gibt unserem Körper Kraft.
Du gibst unserer Seele Kraft.
Segne unsere Tischgemeinschaft.

Lieber Gott,
wir danken dir für dieses Essen.
Bevor wir jetzt aufstehen,
wollen wir an die denken,
die nicht genug zum Essen haben.
Stille du ihren Hunger!
Wir wollen gern dabei mithelfen.
Zeige uns, was wir tun können,
damit alle Menschen satt werden.
Danke, großer und guter Gott!
Amen.

Lieber Gott,
wir können uns satt essen.
Wir danken dir dafür.
Bitte beschütze unsere Familie.
Segne den X, die Y (Namen der Kinder),
hilf dem Papa bei der Arbeit.
Uns segne jetzt unser Essen.
Amen.

Lieber Gott,
wir sitzen an unserem Tisch
und wollen nun essen und trinken.
Alles, was wir haben,
ist ein Geschenk von dir.
Wir danken dir für deine Güte.
Amen.

Lobe den Herrn,
meine Seele,
und was in mir ist,
seinen heiligen Namen!
Lobe den Herrn,
meine Seele,
und vergiss nicht,
was er dir Gutes getan hat.

Mit Gott begannen wir dies Mahl,
mit Gott wollen wir es auch enden:
Denn Trank und Speise allzumal
kommt ja aus deinen Händen.
Amen.

Wir danken dir,
du ewiger Gott,
der aus Barmherzigkeit
und Gnad
uns Speis und Trank gegeben,
zu fristen unser Leben.
O gib, dass wir
die Gaben dein
genießen und dir
dankbar sein,
dass wir zu allem
guten Werk
von dir empfangen
Gnad und Stärk.

Du gibst Speise
reichlich und überall,
nach Vaters Weise
sättigst du uns allzumal;
du schaffst frühen
und späten Regen,
erfüllst uns alle
mit deinem Segen.

Nötiger als Brot
und alle guten Gaben
ist, dass wir dich,
Herr Christ,
in unsrer Mitte haben.

***

Nun lasst uns Gott, dem Herren,
Dank sagen und ihn ehren
für alle seine Gaben,
die wir empfangen haben.

Nun lasst uns unseren Gott
mit Mund und Herzen ehren,
der uns so väterlich
und voller Treu will nähren.
Denn seine Güt' und Gnade,
die währet immerdar;
sie speiset alle Welt
und uns das ganze Jahr.

O Gott,
dir sei für Speis und Trank,
für alles Gute Lob und Dank.
Und allen,
die uns Gutes geben,
schenk deine Gnad'
und ew'ges Leben!

O Gott, von dem wir alles haben,
wir preisen dich für deine Gaben.
Du speisest uns, weil du uns liebst,
o segne auch, was du uns gibst.
Amen.

***

O Herr, du wollest uns geben,
nach dieser Welt das ewige Leben.

O Vater, aller Augen warten
in deiner Schöpfung reichem Garten
auf dich, du öffnest deine Hand
und sättigst uns mit deinen Gaben,
dein Segen ist ja, was wir haben,
du baust, du nährst Volk und Land.
Dein Antlitz, Herr,
strahlt Heil und Leben,
durch deinen Odem steht die Welt.
Herr, du verhüllst dich, sie erbeben,
und alle Pracht in Staub zerfällt.

O Vater,
der du jederzeit austeilest
milde Gaben,
lass uns das täglich Brot
auch heut als unsre Nahrung haben.
Hilf, dass wir redlich halten Haus,
mit dem, was Not ist, kommen aus
und deinen Segen spüren.

Ob wir trinken,
ob wir essen,
lass uns dich,
Herr, nicht vergessen,
dich, der Leib uns Seele speist,
Vater, Sohn und Heiliger Geist.

Ohne Brot, Vater,
können wir Menschen nicht leben.
Aber auch ohne Gemeinschaft
würden wir zugrunde gehen.
Du schenkst uns beides:
Brot und Menschen.
Umsonst; aus purer Liebe.
Dank sei dir,
der du alles so wunderbar
erschaffen hast.

Quelle allen Seins!
Du hast uns als Menschen geschaffen,
damit wir einander helfen im Leben.
Du hast Nahrung geschaffen,
um uns dafür Energie zu geben.
Für deine Gegenwart
an diesem Morgen,
für allen Segen,
offen und verborgen,
für diese Speis
sei dir Lob und Preis.
Amen.

Schmecket und sehet,
wie freundlich der Herr ist.
Wohl dem,
der auf ihn trauet!

Segne den, der Samen säte,
in die Erd' ihn bracht hinein;
segne den, der Garben mähte,
der sie fuhr zur Scheuer ein.
Segne den, der Brot bereitet,
und den, der das Tischtuch breitet!
Segne jede Menschenhand,
die sich mühend daran gewandt.

Segne, Herr, die Speisen,
gib ein zufriedenes Herz
und lass uns stets dich preisen
in Freude wie im Schmerz.

***

Segne, Herr, uns und dieses Mahl,
das wir aus den Gaben
deiner Schöpfung bereitet haben,
auf dass uns Lebensfreude und Kraft
daraus erwachse.

Segne, Herr, was deine Hand
uns in Gnaden zugewandt!

***

Segne unsere Tischgemeinschaft,
damit aller Unfriede fern bleibe von
denen, die in Liebe zusammen wohnen.

Segne, Vater, unser Essen.
Lass uns Neid und Hass vergessen,
schenke uns ein fröhlich Herz.
Leite du so Herz wie Hände,
führe du zum guten Ende
unsre Freude, unsern Schmerz.

*Segne, Vater, diese Speise,
uns zur Kraft und dir zum Preise.
Wir bitten, Herr, sei unserm Haus
ein steter Gast, tagein, tagaus,
und hilf, dass wir der Gaben wert,
die deine Güte uns beschert.
Amen.*

***

*Segne, Vater, was wir essen,
lass uns deiner nicht vergessen.*

Segne uns und diese Gaben,
die wir aus deiner guten Hand
nun empfangen werden,
durch Christus unseren Herrn.
Amen.

Seht an, wie Gott uns liebt!
Ja, alles wartet Sein,
dass er die Speise gibt
und schenket voll uns ein.
Lass dir das Lob gefallen,
mein Herz in Freuden steht.
Dein Loblied soll erschallen,
solang mein Odem geht.

Speis uns, Vater, deine Kinder,
tröste die betrübten Sünder;
sprich den Segen zu den Gaben,
die wir heute vor uns haben,
dass sie uns zu diesem Leben
Stärke, Kraft und Nahrung geben,
bis wir endlich mit den Frommen
zu der Himmelsmahlzeit kommen!

Sprich du den Segen und verleih,
dass Speis und Trank
uns wohl gedeih.
Mach satt uns
durch deine Gütigkeit
allhier und dort in Ewigkeit.

Sprich, Herr, den Segen zu dem Brote,
das darreicht deine treue Hand!
Dein Wort wirkt Leben aus dem Tode,
gibt Wasser aus dem Wüstensand.
Was du, Herr,
sprichst, das muss geschehn,
und was du segnest, bleibt bestehn.

Segne, Herr,
die Speisen,
gib ein zufriedenes Herz
und lass uns stets dich preisen
in Freude und in Schmerz.

Sonne spendest du und Regen,
gibst uns Heimat, Brot und Dach,
und auf allen unser'n Wegen
geh'n uns deine Augen nach.
Alles kommt aus deinen Händen;
alles lebt, weil du es willst;
alle uns're Not muss enden,
alles Leid, wenn du es stillst.

Speis uns, Herr,
mit deinem Wort,
auf dass wir satt werden
hier und dort.

***

Tu auf die milden Hände dein
allüberall auf Erden,
dass alle Menschen,
groß und klein,
täglich gesättigt werden.

Unser tägliches Brot gib uns heute:
Speise, die unseren Körper ernährt,
Leben, das wir teilen können,
Luft, die uns atmen lässt,
Menschen, die uns verbunden sind,
Worte, die unserem Denken
Richtung geben,
Friede, der uns
den Nächsten schenkt.

Vater aller Gaben,
alles, was wir haben,
alle Frucht im weiten Land
ist Geschenk aus deiner Hand.
Hilf, dass nicht der Mund verzehrt,
ohne dass das Herz dich ehrt
über dem, was du beschert.

Vater im Himmel,
ich bitte dich,
segne das Essen,
segne mich.
Segne die Schüssel,
segne den Teller,
segne den Garten,
das Haus und den Keller.

Zwei Dinge, Herr, sind Not,
die gib nach deiner Huld:
Gib uns das täglich Brot,
vergib uns unsre Schuld.

***

Vater, lass uns bei dem Essen
deine Güte nicht vergessen.
Amen.

Vater, wir leben
von deinen Gaben.
Segne das Haus,
segne das Brot.
Gib uns die Kraft,
von dem, was wir haben,
denen zu geben
in Hunger und Not.

Von deiner Gnad,
Herr, leben wir,
und was wir haben,
kommt von dir.
Drum sagen wir
dir Dank und Preis,
tritt segnend ein
in unsern Kreis.

Was du uns, Herr, gegeben,
empfangen wir und heben
die Augen auf zu dir.
Wir danken dir und schenken
in liebendem Gedenken
dir unsre Herzen für und für.

***

Was aufgesetzt wird auf den Tisch,
das segne unser Herr Jesus Christ.

Was mir deine
Hände reichen,
was du mir
zur Speise gibst,
nehme ich, o Herr,
als Zeichen
dankend an,
dass du mich liebst.

Was wir haben,
lass uns teilen,
nichts gehört
uns ganz allein,
hilf uns Not und Hunger heilen,
und für andere da zu sein.

Weil wir durch dich
das Leben haben,
wir danken dir für deine Gaben,
mit denen du
an Leib und Seele
uns so bedenkst,
dass uns nichts fehle.

Wie du, Herr,
einst mit Brot und Fisch
die Menge hast gespeiset,
so deckst du segnend
uns den Tisch.
Dein Name
sei gepreiset!

Wir bitten dich
ums täglich Brot;
bat keines noch vergebens.
So brich auch uns,
du reicher Gott,
all' Tag das
Brot des Lebens.

Wir bitten, Herr,
sei unserm Haus
ein fester Gast,
tagein, tagaus,
und hilf,
dass wir der Gaben wert,
die deine Güte uns beschert.

Wir brauchen Nahrung,
um zu leben.
Wir brauchen dein Wort,
um richtig zu leben.
Wir danken dir,
dass du uns beides gibst,
Tag für Tag.

Wir danken all denen,
die den Tisch gedeckt,
und wir danken Gott,
der hinter all dem steckt.
Du bist ein Gott,
dem man danken kann,
und jetzt fangen wir
zu essen an.

(Ein Tischgebet zum Rappen)

Wir danken dir,
allmächtiger Gott,
für alle Wohltaten,
der du lebst und herrschest
in Ewigkeit.
Amen.

Wir danken dir,
Herr Jesus Christ,
dass du unser Gast gewesen bist.
Bleib du bei uns,
so hat's nicht Not,
du bist das wahre Lebensbrot.

Wir danken dir, Herr,
Gott, himmlischer Vater,
dass du uns Speise und Trank
gegeben hast.
Lass uns teilhaben
am ewigen Gastmahl.
Amen.

Wir danken dir,
himmlischer Vater,
dass du uns nährst
an Leib und Seele.
Gib, dass wir mit
all unseren Kräften
dir dienen und die Menschen
nicht vergessen,
die Hunger und Not leiden.

Wir danken
für das Brot.
Wir helfen
in aller Not.
Mit deiner Kraft,
schaffen wir,
mit deiner Hilf,
lieben wir.
Amen.

Wir danken dir
Gott,
wir danken dir
für das Zusammensein
für die Gefühle,
die wir füreinander haben,
für die Worte, die uns verbinden.
Wir danken dir
für Speise und Trank
für alles, was uns am Leben erhält,
für die Lust,
mit der wir essen und trinken.
Wir danken dir
für dieses Mahl,
für den Bund,
den du mit uns geschlossen hast,
für die Ahnung,
dass du mit uns am Tisch sitzest.

Wir danken dir,
himmlischer Vater,
dass du uns nährst
an Leib und Seele.
Gib dass wir mit
all unseren Kräften
dir dienen
und die Menschen
nicht vergessen,
die Hunger
und Not leiden.

Wir danken dir,
du treuer Gott,
auch heut,
für unser täglich Brot:
Lass uns in dem
was du uns gibst,
erkennen, Herr,
dass du uns liebst.
Amen.

Wir danken, Herr,
dass du uns liebst
und, was wir brauchen,
täglich gibst.
Vergib, wo wir vermessen
die Dankbarkeit vergessen.
Sei selbst an unserm
Tisch zu Gast
in dem,
was du gegeben hast.

Wir gehen, Herr,
zum Essen
und wollen
nicht vergessen,
dass wir
die guten Gaben
aus deinen
Händen haben.

Wir haben den Tisch gedeckt, Vater,
haben Waren gekauft
von unserem Geld –
und doch ist mehr darin,
als wir kaufen können:
sie sind Gaben von dir.
Wir haben sie zubereitet –
und doch nähren sie
Leib und Seele nur ganz,
wenn du uns diesen Tisch bereitest
als deinen Freunden und Gästen.
Wir falten die Hände, um zu beten.
Wir öffnen die Hände,
um deine Gaben zu nehmen
und sie einander weiterzugeben,
wie du sie uns gibst.
Wir bitten dich,
sei du bei uns und segne uns.
Amen.

Wir leben von deiner Schöpfung,
Herr,
und ohne sie würden wir
zugrunde gehen.
Doch du willst, dass wir leben,
und nährst uns
mit der Fülle deiner Gaben.
Gib, dass wir dankbar essen.
Lass uns die Kostbarkeit
dessen schätzen,
was auf unseren Tisch kommt,
und lehre uns aufs Neue
Ehrfurcht vor deinen Geschöpfen.

(Mt 6,25-33)

Wir loben dich
und sagen Dank,
Gott Vater,
dir für Speis und Trank.
Du wollest, fromm zu leben,
uns deine Gnade geben.

Wir, mit denen Gott
selber das Brot teilt,
werden zum Teilen ermutigt.
Wir, die Gott an seinem
Tisch sattmacht,
können nun selbst andere sättigen.
Wir, die wir Gottes Wein
der Freude trinken,
können nun selbst andere
mit dieser Freude anstecken.
Wir sind eingeladen durch dich,
Christus, der unser Bruder
geworden ist,
die Mahlzeit mit dir zu feiern,
Gemeinde zu werden
und uns senden zu lassen.
Amen.

Wir nehmen
diese Speise
zu deines
Namens Preise.
Du wollest sie
nun segnen
und selber
uns begegnen!

Wir nehmen, Herr,
was du gegeben.
Was haben wir,
dass du nicht gibst?
Du trägst und nährest
unser Leben.
Wir danken dir,
dass du uns liebst.

Vorbeter:
Wir sind eine Familie
und sitzen um einen Tisch.
Alle:
Danke, großer Gott.
Vorbeter:
Der Tisch ist gedeckt
mit Essen und Trinken.
Alle:
Danke, großer Gott.
Vorbeter:
Wir leben alle von deiner Liebe.
Alle:
Danke, großer Gott.

Wir sind in Dankbarkeit
bei dir zu Gast.
Wie könnten wir vergessen,
dass du geschaffen
und gegeben hast,
was wir, o Herr,
jetzt essen.

Wir warten, Herr,
dass du uns speist,
weil du um unsern Hunger weißt,
mit deinen guten Gaben;
verbirgst du, Gott, dein Angesicht,
vergehen wir im Zorngericht,
das wir verschuldet haben.
Neue Treue, heil in Gnaden
unsern Schaden,
an uns allen
hab ein gnädig Wohlgefallen.

Wir wollen danken
für unser Brot.
Wir wollen helfen
dem, in der Not.
Wir wollen schaffen,
die Kraft gibst du.
Wir wollen lieben,
Herr, hilf dazu.
Amen.

Wollest mich in deiner Gut
neu mit Kräften füllen.
Und erquick auch mein Gemüt,
Herr nach deinem Willen.
Führe mich durch deinen Geist
aus den Nöten allen,
dass dich Leib und Leben preist,
dir zum Wohlgefallen.

Zu uns komme, Herr,
dein Reich;
wie im Himmel
so auf Erden
soll dein Wille
allzu gleich
gern von uns
vollführet werden.
Gib uns auch
bis an den Tod
heut und täglich
unser Brot.

*Zum Gastmahl
des ewigen Lebens
führe uns der König
der Herrlichkeit.*

***

*Zwei Dinge, Herr, sind Not,
die gib nach deiner Huld:
Gib uns das täglich Brot,
vergib uns unsre Schuld.*